UN BUEN CIUDADANO

por Marc O'Brian

Scott Foresman
is an imprint of

Glenview, Illinois • Boston, Massachusetts • Chandler, Arizona
Upper Saddle River, New Jersey

La palabra **ciudadano** significa ser miembro de un lugar. Ese lugar puede ser una **comunidad**, una ciudad, un país o hasta el mundo.

¿Qué significa ser un buen ciudadano? Significa ayudar y colaborar con los demás para **resolver** problemas que nos afectan a todos. Significa luchar por vivir en un mundo mejor.

Los niños también pueden ser buenos ciudadanos.

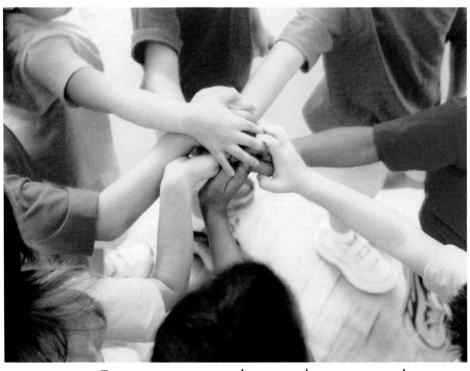

Estas manos unidas son las manos de buenos ciudadanos.

Un niño puede comenzar a ser buen ciudadano desde los tres años de edad. ¿Te parece increíble?

Si has estado con niños pequeños, tal vez los has oído pelearse por un juguete.

A un niño de tres años le es difícil compartir y ceder el turno al otro. Casi siempre quiere hacer las cosas a su manera.

Poco a poco, los niños pequeños aprenden a pensar en los demás. Con la ayuda de los adultos y de otros niños como tú, van dejando de ser **egoístas**. Aprenden a compartir.

Éste es un paso importante hacia la **meta** de ser buenos ciudadanos.

Hay muchos modos de compartir y ser buenos ciudadanos. Algunos niños se unen a un club o grupo de **voluntarios**. Allí hacen todo tipo de cosas útiles.

Algunos siembran árboles.

Otros limpian la playa.

Como voluntarios, ayudan a limpiar las playas y los parques. Siembran flores y árboles. Cuidan a los animales en los albergues. Hacen muchas otras cosas por el bien de los demás y de la naturaleza.

Estos niños recogen basura.

Para ser buenos ciudadanos, no hay que unirse a un club. Puedes hacer cosas útiles por tu propia **iniciativa**. Fíjate en las fotos de esta página. ¿Qué hacen estos niños para ser buenos ciudadanos? ¿De qué modo están ayudando a que el mundo sea mejor?

¿Has hecho tú alguna de estas cosas?

A medida que crecen, los niños pueden ayudar en otras cosas que realmente les interesan. Por ejemplo, si a un niño mayor le gustan mucho los animales, puede trabajar en un acuario o zoológico como voluntario. Allí podría ayudar a cuidar los animales o explicarles cosas a los visitantes.

Otro modo de ser buenos ciudadanos es ser tutores de niños más pequeños. Ser **tutor** significa enseñar algo a otra persona. Los niños mayores pueden ayudar a los niños menores a entender problemas de matemáticas o enseñarles a leer.

Los **adolescentes** pueden ayudar de muchos otros modos. Pueden hacer compras para ancianos y otras personas que lo necesiten. Pueden visitar a enfermos que están en el hospital, servir comidas en albergues y ayudar a construir casas. Hasta pueden enseñarles un deporte a niños más pequeños.

Cuando un adolescente cumple 18 años, puede hacer algo especial como ciudadano. A esa edad ya puede votar en las elecciones. Eso significa que tiene la **libertad** de expresar su **opinión** para elegir a los líderes que más le gusten. Con su voto también puede ayudar a decidir qué leyes debemos seguir. Un buen ciudadano participa en las elecciones.

A los 18 años, todos los ciudadanos tienen el derecho a votar.

Como ves, hay muchos modos de ser buenos ciudadanos. Lee estas otras ideas.

Puedes ayudar a recoger las hojas del jardín de un vecino enfermo. Puedes formar un grupo para recoger basura y limpiar tu vecindario. Puedes regalarles juguetes a los niños que no tienen juguetes.

Sea cual sea tu edad, hay muchas cosas que puedes hacer para ayudar a crear un mundo mejor.

Estos niños recolectan juguetes para darlos a otros niños.

¡Inténtalo!

Participa en un proyecto con tus compañeros de clase. Demuestren que son buenos ciudadanos en la escuela.

¿Qué podrían hacer para que la escuela sea un lugar mejor? Habla con tus compañeros y decidan qué hacer. ¿Qué tal si ayudan a limpiar la escuela? ¿Quieren ayudar en un proyecto para niños más pequeños? ¿Prefieren decorar los pasillos de la escuela?

Tu maestro o maestra puede hacer una lista de las ideas en el pizarrón.

1. Escoge con tus compañeros una idea para el Proyecto de Buenos Ciudadanos. Pueden hacerlo por votación.

2. Pídanle al maestro que los ayude a comenzar el proyecto.

3. Hagan un libro sobre el proyecto. Escribe lo que tú hiciste.

4. Explica por qué lo hiciste y cómo te hizo sentir.

5. Haz dibujos que vayan con lo que escribiste.

6. Muéstrale el libro a otras personas. Eso demuestra tu orgullo por lo que hiciste.

Glosario

adolescentes *s.* personas entre los 13 y los 19 años de edad.

ciudadano *s.* miembro de un lugar.

comunidad *s.* grupo de personas que viven en la misma zona.

egoísta *adj.* pensar sólo en lo que uno necesita y quiere.

iniciativa *s.* algo que haces sin que nadie te lo pida.

libertad *s.* el derecho de cada persona a decir y hacer lo que quiere.

meta *s.* algo que quieres lograr.

opinión *s.* tu punto de vista.

resolver *v.* solucionar.

tutor *s.* persona que le enseña algo a un niño.

voluntarios *s.* personas que ayudan sin recibir dinero.